AF339044

ALLOCUTION

Prononcée le 24 Juin 1883, au Cirque de Tours

Par H. FARÉ

J'ai rencontré hier, à la gare de Blois, un de nos voisins du canton d'Amboise, propriétaire cultivateur, un rural comme vous et moi, un administré, un justiciable, un contribuable, bref un souffre-douleur comme vous et moi, lequel m'a dit : Vous qui venez de Paris, savez-vous ce qu'il y a de vrai dans tous ces bruits qui courent sur notre situation financière, sur le déficit du budget? Est-il vrai que nous soyons menacés à bref délai d'emprunts nouveaux? Les impôt actuels sont déjà si lourds! Est-il vrai que nous courions trop d'aventures, trois ou quatre lièvres à la fois, en Asie et en Afrique? Est-ce que ce n'est pas surtout en Europe que nous devrions avoir l'œil, le pied, la main... et le sac?

Mais, répondis-je, vous ne lisez donc pas les journaux? J'en lis beaucoup, fit mon voisin, mais ils ne s'accordent guère. Il semble qu'ils aient tous deux paires de lunettes, une à verres roses pour leurs amis, une à verres noirs pour leurs adversaires. Se contredire les uns les autres est leur péché mignon. Et puis ils ne sont pas toujours bien informés, un d'eux ne disait-il pas ce matin qu'on ne verrait à notre réunion que trois pelés et un tondu. Nous sommes au moins deux mille.

Vous voulez savoir, lui ai-je répliqué, ce que fait le gouvernement? Demandez-le au gouvernement lui-même. Les Ministres ont beaucoup parlé tous ces temps-ci. Tenez, voici la réponse à vos questions qu'a faite il y a peu de jours, pas très loin d'ici, à Angoulème, le Ministre de l'Intérieur, le Guizot naissant de l'opportunisme, M. Waldeck-Rousseau. Il vous a dit:

« La République est le gouvernement nécessaire. Elle seule donne l'ordre avec la liberté, garantit tous les intérèts, respecte les volontés nationales...»

— Oh! tous les gouvernements disent à peu près tout cela. — « Un jour viendra, ajoute M. Waldeck-Rousseau, où la République sera universellement reconnue. De ce jour datera l'unité politique *la paix intérieure*, source de tout progrès et de toute espérance! Mais ce jour, cette date heureuse ne peut être encore fixée. Ce sont les anciens partis qui en retardent la venue en s'efforçant de faire durer des illusions qu'eux-mêmes ne partagent plus. Sans doute, dit le Ministre, dans les anciens partis il y a des gens de bonne foi, mais il y a aussi les *habiles* dont l'état est de tenir la campagne et qui ne se consoleraient pas de cette paix intérieure qui les laisserait sans ouvrage! Donc si la prospérité est retardée, si la paix intérieure ne se fait pas, c'est la faute des anciens partis, des habiles dans les anciens partis ».

Au risque de passer pour un *habile* sans le savoir et sans le vouloir, ce qui est le comble de l'habileté, je vous demande, Messieurs, la permission de vous dire ce que je disais à mon voisin, c'est qu'après cinq ans de pouvoir incontesté, il serait peut-être opportun de laisser là cette vieille querelle, de vider cette selle trop commode, j'allais dire d'abandonner cette éternelle rengaine « des anciens partis. »

Puisque, selon le ministre, la République respecte les volontés nationales, son gouvernement doit respecter les anciens partis, car ce sont eux aussi, et tout comme les majorités, des expressions, partielles sans doute, mais légales des volontés nationales, des décisions partielles mais légales du suffrage universel à qui tous aujourd'hui, les gouvernements aussi bien que les peuples, doivent obéissance en même temps que respect. Minorités, les anciens partis peuvent avoir été et redevenir majorités.

D'ailleurs, le peuple les aime, les anciens partis. Cette nation généreuse aime la fidélité au malheur. Il lui plaît qu'il y ait en France des gens, des séries de gens qui préfèrent leur conscience et leurs serments à leurs intérêts. Ces fidélités le reposent de tant d'affligeantes et scandaleuses palinodies. Il se retrouve lui-même dans ces fidélités comme dans la parole du grand historien. Quand Michelet criait : Je suis du parti des vaincus, c'était un écho de la conscience du peuple qui sortait de ses lèvres et de son cœur !

Qui aime Bertrand aime son chien, le peuple aime Napoléon, et c'est pourquoi il aime, entre autres, les Bonapartistes.

Enfin, Messieurs, dans sa justice, le peuple pèse bien des choses, les services, les fautes et les malheurs. Il apprécie les conduites, il compare les principes, il voit bien que souveraineté nationale, démocratie, suffrage universel, drapeau tricolore sont autant de points communs aux partis sortis de la même origine, 89 ! Mais il voit aussi que la stabilité est un principe essentiel, que les républicains ont peut-être cherché, mais qu'ils n'ont pas encore trouvé moyen d'obtenir et qu'à coup sûr ce n'est pas la suppression du Sénat qui la leur donnera, et alors il la retrouve cette stabilité, dans le principe commun aux anciens partis, de l'hérédité, dans l'hérédité qui fait les grandes nations comme les grandes familles par la tradition, il se dit que cette hérédité peut être voulue et consentie par la nation et qu'ainsi les anciens partis c'est un en-cas.

Dès lors, peut-on les supprimer? Non!

Peut-on les opprimer? Non!

Que reste-t-il à faire pour ceux qui se piquent de respecter les volontés nationales et de garantir tous les intérêts, pour ceux qui veulent la *paix intérieure*, sinon à traiter, à transiger, à faire de la conciliation avec les anciens partis?

Et la seule question qui désormais reste à résoudre, est une question de forme. Qui commencera, qui fera les premiers pas?

Or, dans son discours d'Angoulême, M. Waldeck-Rousseau a dit encore : « Après avoir été longtemps investis nous investissons à notre tour! assiégés, nous sommes devenus assiégeants ! »

S'il en est ainsi, ce n'est pas aux assiégés que s'impose l'initiative. Se rendre sans combat, aux termes des lois militaires, pour un assiégé, c'est un crime. C'est à l'assiégeant à offrir, le premier, des conditions que l'honneur permette d'accepter; c'est à lui de se montrer d'autant plus généreux qu'il a affaire à des compatriotes, à des Français.

S'il en est ainsi, est-il indiscret ou téméraire de rappeler que les gouvernants n'ont pas pris cette initiative, n'ont pas fait ces premiers pas, n'ont pas montré cet esprit de conciliation d'où la paix jaillit comme un ruisseau d'une source.

Depuis décembre 1877, ils sont les maîtres incontestés, je le reconnais, et de par la volonté du suffrage universel, les vainqueurs, les assiégeants, c'est eux qui le disent.

Qu'ont-ils fait pour la paix intérieure? Ces invalidations par lesquelles la Chambre a débuté, est-ce par esprit de conciliation qu'elles furent entreprises et poursuivies, où bien dans un but de camaraderie, de vengeance, d'exclusion si accusé, si provoquant que le suffrage universel, indigné de ce mépris de ses volontés, reprit les plus éclatantes victimes et par exemple notre président M. Cunéo d'Ornano, et son vaillant collègue Paul de Cassagnac, et les réintroduisit de force dans la Chambre, de telle façon cette fois qu'il fallut s'incliner.

C'est par esprit de conciliation, sans doute que fut opérée à l'endroit des fonctionnaires de tous ordres, au profit des seuls républicains, cette épuration radicale, sans exceptions, sans pitié, sans merci. Mais sa conduite est irréprochable! Dehors! Mais il fera faute à son service! Dehors! Dehors! Mais vous l'atteignez dans ses intérêts! Dehors! Dehors! Les républicains attendaient et pour ne pas les faire attendre, il fallut ramasser jusqu'à cette arme honteuse des plus déplorables temps, la délation.

Conciliation encore! la loi sur la magistrature, un pur chef-d'œuvre qui livre tout le corps judiciaire, oh! pour trois mois seulement, à la discrétion absolue de la politique. Ah! justiciables qui croyiez que c'était pour vous que les lois étaient faites, que les tribunaux étaient créés, que les magistrats étaient inamovibles! Ah, justiciables, pauvres diables ! qui pensiez que c'était pour sauvegarder vos biens, votre vie, votre honneur ! comme si nos biens, notre vie, notre honneur, à nous autres, pesaient dans la balance de la politique ! Ah ! si cette loi qu'attaquent à la fois la droite et la gauche, résiste au Sénat, c'est vous, suffrage universel, qui la frapperez, cette preuve décisive de l'esprit de conciliation de nos gouvernants !

Conciliation, la loi sur l'inamovibilité de la magistrature ; conciliation, la persécution religieuse !

Certes ! on s'y était bien pris au début. On ne touchait qu'aux Jésuites. Les Jésuites ont rarement joui en France d'une grande popularité. Qui est-ce qui n'a pas, un jour ou l'autre, mangé du Jésuite ? Va, pour les Jésuites, s'étaient dit les bonnes gens ! Vinrent les congrégations non autorisées. *Non autorisées*, elles étaient évidemment dans leur tort. Va pour les congrégations non autorisées. Et toutefois on s'étonna et on regretta de voir la force appelée au secours de ces décrets rendus en exécution de lois existantes dont l'existence était, au péril de leur carrière, contestée par tant de magistrats. On s'affligea de voir l'armée mêlée à ces agissements de la politique, et l'on plaignit un soldat qui se serait peut-être passé d'ajouter à ses beaux états de service la campagne de Frigolet ! Puis vinrent par la seconde porte ouverte au flot, la neutralité de l'École, bon prétexte pour chasser les Frères, la neutralité des hôpitaux, bon prétexte pour chasser les sœurs, puis quand on eut jeté nos crucifix au tombereau et qu'on vit par là qu'on pouvait tout faire, tout fut essayé et enfin à la place de nos catéchismes entrèrent victorieux dans l'école des manuels d'où Dieu était exclu et qui devaient apprendre à nos enfants la morale nouvelle, la vie nouvelle!

Ce jour-là, moi père de famille, je me suis enfin senti mordu : je me suis promis de crier :

Messieurs, puisqu'il faut choisir entre ces manuels-là et le catéchisme, mon choix est fait. Aux traités qui célèbrent les vertus du garde-champêtre et les tournois des conseils municipaux, moi, père de famille, je préfère celui qui m'a appris et et qui apprend à mes enfants : *honore ton père et ta mère* ; je préfère le catéchisme. Je veux là la liberté du catéchisme, non reléguée, honteuse et soufferte, mais en plein soleil, je la veux pour les catholiques et pour les protestants, pour les israélistes et pour les libres-penseurs. Je la veux pour les autres parce que je la veux pour moi, pleine et entière.

Vous la deviez aux catholiques, la liberté de conscience! Vous aviez accepté pendant la guerre leurs cœurs et leurs bras, vous leur deviez ce prix du sang versé en commun pour la Patrie, et c'est par esprit de conciliation, pour garantir tous les intérêts que vous le leur avez refusé sans doute!

Esprit de conciliation! ce prince, un Napoléon, mis au secret, gardé un mois en prison pour un fait qu'on est obligé de confesser ne constituer ni crime ni délit, car il se bornait à afficher ce que tout le monde dit, ce que tout le monde pense, écrit et imprime!

Conciliation, cette colère qui se détourne sur un officier irréprochable. Il me plait à moi, bonapartiste, de rendre au duc de Chartres l'hommage auquel a droit cette haute figure de soldat patriote.

C'est par esprit de conciliation que vous l'avez frappé !

On put se demander, alors, non sans anxiété, ce qu'allait faire l'armée. Certes, elle avait de justes motifs de se trouver profondément atteinte dans ses droits, profondément blessée. Elle ne pensa qu'à ses devoirs. Elle ne pensa qu'à travailler, qu'à s'instruire, qu'à se rendre digne de la tâche que la Patrie pourrait avoir un jour à lui confier. Elle remplit tous les cœurs français de joie, d'admiration, d'espérance.

C'est à ces hauteurs morales qu'il faut se tenir, c'est une leçon, c'est un exemple qu'on peut recommander, dont pourraient profiter, s'inspirer même les gouvernements dans l'exécution de leur tâche, dans les agissements de la politique.

Allons, Messieurs qui nous gouvernez, si vous voulez, avec M. Waldeck-Rousseau, la paix intérieure, il faut revenir de la persécution à la conciliation, comprendre le passé dans les intérêts que vous vous reconnaissez la mission de garantir, revenir de la conception républicaine de tout changer dans les institutions à des traditions plus heureuses et plus efficaces. Rentrez dans les voies que nous avait ouvertes, en des circonstances qui ont avec nos temps quelque analogie, au commencement de ce siècle, le général Bonaparte !

C'était un victorieux. C'était le vainqueur des Pyramides, le conquérant de l'Italie.

Fils du monde nouveau, il respecta le passé.

Il fit les avances, ce conquérant, ce victorieux.

Il avait reçu, entr'autres missions celle de rétablir la paix intérieure, lui aussi.

Pour l'obtenir, cette paix intérieure, il se crut obligé de faire les avances aux vaincus, aux faibles aux émigrés, aux prêtres. Il fit aussi des avances à la Vendée en armes, il fit des avances au Pape.

Et de toutes ces avances consenties non par la faiblesse, mais par la force, par le vainqueur, sort le Concordat! œuvre patriotique d'un génie bien inspiré, objet des bénédictions de toute une génération, l'un des éclatants et si nombreux bienfaits du Consulat qui firent pardonner à Napoléon ses fautes et ses malheurs ; monument que vous n'êtes de taille, gouvernants, ni à modifier, ni à remplacer, ni à refaire et qu'il vous suffirait d'appliquer de bonne foi !

Victorieux, suivez l'exemple de ce victorieux, faites comme lui la paix intérieure, et comme lui vous ferez la prospérité.

Et ainsi, Messieurs, par un long détour, que je vous prie de me pardonner, nous voici revenu au point de départ, à la question que posait notre voisin d'Amboise, à la situation du budget, et de nos finances.

Cette situation est grave : les illusions ne sont plus permises.

Vous avez la dette la plus lourde de l'Europe, 28 milliards (1). Votre budget est le plus lourd de l'Europe. Pour 1884, il est proposé à 3 milliards 100 millions comme budget ordinaire : à quoi il faut ajouter le budget extraordinaire que l'évaluation la plus modérée ne peut faire descendre au dessous de cent millions. Joignez-y le budget départemental 150 millions, le budget des communes 500 à 550 millions : on atteint quatre milliards. Et cependant il est à craindre que ce budget de 1884, comme celui de 1881, de 1882, de

(1) La dette anglaise est d'environ 19 milliards.

1883 ne se solde en déficit. Les évaluations de recettes sont difficilement atteinte ou réalisées. Le recouvrement des impôts est devenu plus difficile. On a eu recours à tous les expédients financiers. On a fait flèche de tout bois. On a emprunté à la Banque de France tout ce qu'aux termes des lois on pouvait lui emprunter, on lui a enlevé la plus grande partie des dépôts habituels du trésor, en compte courant. On réduit l'amortissement de la dette. On ralentit les payements. On a consolidé une grosse partie de la dette flottante, et notamment les fonds des caisses d'épargne dont vous connaissez la position. On nous avait parlé de la conversion du 5 0/0 mais elle se présentait tout d'abord accompagnée de correctifs qui l'eussent fait mieux accepter, les dégrèvements. Il n'est plus question, et il ne peut plus être, malheureusement, questions de dégrèvements. Un nouvel emprunt est au contraire imminent sans lequel de nouveaux impôts seraient à craindre, à bref délai. Votre commerce (1), votre industrie, votre agriculture sont en souffrance.

Le moindre incident en Europe nous trouverait financièrement embarrassés, désarmés, impuis-

(1) COMMERCE DE LA FRANCE AVEC L'ALLEMAGNE
de 1877 à 1881 inclusivement.

Années	Importations d'Allemagne en France.	Importations de France en Allemagne
1876	389 millions	431 millions
1877	272 —	395 —
1878	418 —	343 —
1879	413 —	343 —
1880	438 —	362 —
1881	454 —	383 —

(Extrait du *Bulletin de statistique* publié par le Ministère des Finances.)

sants, à moins d'écraser le pays de nouvelles charges.

Qui le dit? un ministre des finances de la République, le meilleur qu'elle ait eu, M. Léon Say ! Qui vous avertit? tous les amis du gouvernement. Qui avoue? le ministre des finances lui-même, dans l'exposé des motifs du budget de 1884. Il faut s'arrêter dans la voie des dépenses ! C'est lui qui l'a dit !

A qui la faute?

A l'Empire, à la guerre ! On ne peut plus les en accuser : ce sont des écrivains républicains qui se sont chargés de faire sur ce point une lumière devenue éclatante. Voici les chiffres :

La guerre, d'après les évaluations de M. Léon Say, a coûté 9 milliards 898 millions. — Pour payer l'intérêt de cette somme, il fallait ajouter aux dépenses annuelles de 500 à 550 millions. Au lendemain de la guerre, pour réparer le désastre, pour retrouver les voies de sa grandeur perdue, le pays était prêt à tous les sacrifices. M. Thiers et l'Assemblée nationale lui demandèrent en sus des anciens impôts, plus de 800 millions d'impôts nouveaux, partie pour payer la dette de la guerre, partie pour payer l'amortissement de cette dette, partie enfin pour l'imprévu. A ces impôts nouveaux, le travail du pays ajouta, de 1875 à 1881, de grandes plus-values dans le produit des impôts. Il y avait donc bien au-delà du nécessaire pour tout payer, pour amortir quand, en 1877, la République fut aux républicains.

— Pourquoi ce qui suffisait en 1875 ne suffit-il plus aujourd'hui ? Est-ce la faute de l'Empire, est-ce la faute de la guerre? Non, c'est la faute de la Chambre et du gouvernement.

En fait depuis 1870, l'histoire financière de notre pays se résume en trois périodes, en trois mots :

La première période va de 1870 à 1875, c'est celle de l'établissement des impôts nouveaux destinés à pourvoir aux charges de la guerre: période pénible, où l'esprit de sacrifice chez les populations, l'esprit d'économie dans le gouvernement arrivent à grand' peine à faire face aux nécessités. Ces cinq années laissent ensemble un déficit de 190 millions environ.

La seconde va de 1875 à 1880 inclusivement.

Les efforts du pays et du gouvernement ont porté leurs fruits. Les plus-values succèdent aux plus-values. Les budgets se soldent en excédents de recettes, car l'esprit d'économie domine encore aux finances !

La troisième période commence en 1881. A partir de cette année-là, les déficits se succèdent aussi régulièrement que sous le Directoire, et, de chûte en chûte, on en vient à cette situation qui ne peut plus se prolonger.

Par quel motif ?

Parce qu'aux doctrines et aux pratiques des anciens gouvernements, on a substitué des pratiques et des théories nouvelles, parce qu'on s'est hâté de faire aux dépens des contribuables et du budget des expériences républicaines qui ont mal tourné.

L'esprit d'économie qu'avait montré M. Thiers était une vieille tradition qui remontait au Consulat, à Gaudin, à Mollien. Elève du baron Louis, M. Thiers avait appliqué des doctrines que son maître, avant et après Villèle, que le gouvernement de juillet après la Restauration s'étaient fait un devoir de maintenir, que M. Say lui-même avait trouvées et respectées au Ministère des Finances.

Mais ces pratiques, ces doctrines consulaires, impériales et monarchiques, dès que la République fut aux républicains, furent battues en brèche.

Modification radicale du passé, institutions républicaines, en finance comme ailleurs.

Tout pour la République.

Tout par l'Etat.

Tout gratuit et tout à la fois.

Telles furent les conceptions qui prévalurent dans la Chambre victorieuse !

Ni le président de la République, ni le Sénat ne pouvaient l'arrêter.

La minorité était exclue de toute commission du budget. En toute occasion, les observations de ses membres étaient dédaigneusement écartées.

Contrairement à ce qui se passe en Angleterre, l'initiative des dépenses, la proposition des dépenses était revendiquée par les députés, sans que le gouvernement pût ou voulût s'y opposer. Alors on se donna carrière : on eut le plan Freycinet, qui n'était point une manœuvre électorale, et le plan Ferry qui n'était pas une somptueuse prodigalité : On eut chacun son petit plan pour son petit arrondissement. Qui se fût plaint ? le contribuable ! Mais tant de bienfaits ne devaient-ils pas l'éblouir et le consoler !

Aujourd'hui, il faut en rabattre. Il faut renoncer aux conceptions républicaines. Il faut prendre poliment congé du plan Freycinet, c'est un républicain, c'est M. P. Leroy-Beaulieu qui vient de le dire, le 28 avril dernier.

L'Etat doit revenir de la doctrine républicaine : les chemins de fer construits par l'Etat à la combinaison de 1859, les chemins de fer construits par

les Compagnies avec garantie d'intérêt et partage
des bénéfices.

Il faut en rabattre également du plan Ferry pour
ces extravagances de bâtiments scolaires, c'est
M. P. Leroy-Beaulieu qui le dit encore, avoir
plus d'instituteurs capables, et un peu moins de
constructions magnifiques. Il faut en rabattre de
toutes les gratuités, de toutes les créations de
places pour les amis, de tous les cumuls. C'est
M. Raspail qui l'a demandé.

Eh bien, puisque vous êtes obligé de faire ce
premier pas en arrière, de revenir, en matière de
chemins de fer, à nos exemples, de faire ce second
pas en arrière, et d'apprécier comme nous, les
bourgeoises vertus de l'économie appliquée aux
budgets, pourquoi s'arrêter en si beau chemin, et
en vue d'atteindre cette prospérité que vous dé-
sirez, que tous les bons citoyens désirent, pourquoi ne pas revenir à l'exemple le plus frappant,
le plus décisif, le plus rapide que renferme notre
histoire, aux procédés du Consulat.

Eh bien, en cette matière encore, il serait pru-
dent peut être d'imiter le général Bonaparte.

Quand il prit le pouvoir, la situation financière,
ressemblait beaucoup à la nôtre, était pire encore.
Ramel, le ministre des finances signalait depuis
longtemps le danger des déficits successifs des
budgets sans être plus entendu que M. Léon Say.
N'ayant plus ni biens nationaux, ils étaient épuisés,
ni assignats, ils étaient sans valeur, ni crédit, il ne
vient que dans les temps d'ordre et aux gens
d'ordre, on avait fait un emprunt forcé sur les
riches : on n'en était pas plus riche : on avait
recours au dernier de tous les procédés ; on ne
payait plus, ni les fonctionnaires ni l'armée.

Le général Bonaparte avait l'horreur des fripons, le général Bonaparte avait l'horreur des coquins. Il fit aux abus une guerre énergique et rapide comme la guerre d'Italie. Il avait le goût des gens de mérite. Il prit Gaudin aux finances comme Talleyrand aux affaires étrangères, comme Carnot à la guerre. Il abolit tout d'abord l'emprunt forcé, et fit appel au crédit : on était sûr qu'il tiendrait ses engagements, le crédit vint sur-le-champ. Il créa l'administration des contributions directes. Son budget de l'an XI fut réglé en équilibre. Il n'était pas au pouvoir depuis un an que pour la première fois depuis la Révolution, les rentiers recevaient un semestre en argent ce qui vaut mieux que de recevoir la conversion.

L'organisation financière suivait de près l'organisation administrative, et il y ajoutait... la Banque de France.

Il faut que le siècle finisse comme il a commencé par la paix intérieure et par le rétablissement de l'ordre, par la paix aux consciences, par la guerre aux abus. Il faut renoncer aux conceptions néo-républicaines qui ont conduit à la persécution et au désordre. Il faut en revenir à la conciliation et à l'économie.

Vous ne rencontrerez pas pour y arriver de plus larges et de plus généreuses voies que celle qu'avait tracées le général Bonaparte. Retrouvez ses succès sans ses fautes soit ! Nous applaudirons. Faites et nous applaudirons ; mais si vous vous y refusiez c'est le suffrage universel qui aviserait. C'est vous, Messieurs qui de ces prémisses sauriez tirer les conclusions qu'elles comportent.

1917. — Tours, Imp. Rouillé-Ladevèze.